BIOGRÁFICO
EINSTEIN

BIOGRÁFICO
EINSTEIN

BRIAN CLEGG

cincotintas

La edición original de esta obra ha sido publicada en
Reino Unido en 2018 por Ammonite Press, sello editorial
de Guild Master Craftsman Publications Ltd, con el título

Biographic Einstein

Traducción del inglés
Gemma Fors

Diseño e ilustración: Matt Carr y Robin Shields

Primera edición: *marzo de 2020*

Impreso en España por Talleres Gráficos Soler
Depósito legal: B 3710-2020
Código Thema: DNBT

ISBN 978-84-16407-86-6

CONTENIDOS

ICONOGRAFÍA

CUANDO ES POSIBLE RECONOCER A UN CIENTÍFICO A TRAVÉS DE UN CONJUNTO DE ICONOS, DEBEMOS TAMBIÉN RECONOCER QUE DICHO CIENTÍFICO Y SUS TEORÍAS HAN ENTRADO A FORMAR PARTE DE NUESTRA CULTURA Y NUESTRA CONCIENCIA.

INTRODUCCIÓN

Jamás ha existido otro científico en la historia capaz de cautivar la imaginación de las personas como lo hizo Albert Einstein. La imagen de su mata de pelo blanca basta para evocar el retrato de un gran pensador con un marcado sentido del humor. Y la fama de Einstein como científico está plenamente justificada. Son pocos los que pueden afirmar haber contribuido tanto a los fundamentos de la ciencia. La física moderna se sostiene sobre dos pilares –la relatividad y la teoría cuántica– y Einstein estuvo implicado en el desarrollo de ambos.

La característica más definitoria de Einstein sería probablemente su rechazo de la autoridad. A los quince años fue expulsado del colegio. No mucho después, a una edad en que la mayoría de adolescentes se preocupan poco de lo que no guarde conexión con los estudios y las relaciones, él buscaba la manera de renunciar a su nacionalidad alemana. Pacifista durante toda su vida, le horrorizaba el requerimiento de Alemania para obligarle a realizar un año de servicio militar.

«NUNCA PIENSO EN EL FUTURO. YA LLEGA LO BASTANTE RÁPIDO.»

ALBERT EINSTEIN, diciembre de 1930

Tras arreglárselas para graduarse –solo se molestaba en acudir a las clases sobre temas que le interesaran–, Einstein no consiguió de inmediato un puesto académico y trabajó durante siete años en la oficina de patentes suiza. A cualquier otra persona esto podría haberle parecido el fin de su carrera científica, pero durante su paso por la oficina de patentes, en 1905, Einstein publicó su tesis doctoral y cuatro destacados artículos. Uno establecía la existencia de átomos y moléculas, un segundo artículo (que más adelante le haría merecedor del Premio Nobel) proponía las bases de la teoría cuántica, el tercero presentaba al mundo la teoría de la relatividad especial y el cuarto señalaba que $E=mc^2$.

Esta racha de excelencia propició el inicio de una carrera académica, a lo largo de la cual Einstein nunca se mostró como un profesor particularmente entusiasta. Pero, en ocho años, de 1907 a 1915, desarrolló lo que supondría su obra maestra. La teoría general de la relatividad demostraba que la materia influye en el espacio y el tiempo, y que el espacio y el tiempo, a su vez, influyen en el movimiento de la materia. De entrada, la relatividad general explicaba la fuerza de la gravedad, pero iba mucho más allá y abarcaba desde la predicción de la existencia de agujeros negros hasta la formulación de la historia del universo.

«LO MÁS INCOMPRENSIBLE DEL MUNDO ES QUE SEA COMPRENSIBLE.»

ALBERT EINSTEIN, *Albert Einstein: Creator and Rebel*, 1972

Por aquel entonces, el matrimonio de Einstein con su primera esposa, Mileva, tocaba a su fin. Había conocido a Mileva en la Escuela Politécnica Federal de Zúrich y al principio estaban muy unidos. Tuvieron tres hijos: la primera, Lieserl, probablemente fue dada en adopción al nacer, ya que no existen más datos sobre ella. Los otros dos, Hans Albert y Eduard, nacidos cuando Einstein ya tenía su primer trabajo, se quedaron con Mileva, cada vez más olvidados por su padre a medida que la carrera de Einstein despegaba. En 1919, Mileva aceptó el divorcio a condición de recibir el dinero del Premio Nobel si Einstein llegara a ganarlo.

Todo esto ocurría cuando el aspecto de Einstein difería en mucho de sus imágenes icónicas: era un hombre elegante de cabello negro y corto. Pero su segundo matrimonio, con su prima Elsa, inició otra etapa de su vida en que se definiría el conocido personaje de «sabio despistado». Cuando Einstein se trasladó a los Estados Unidos en 1933 para escapar del régimen nazi, su transformación se había completado. Pero hay que recordar que la fama le llegó al apuesto joven, no al ilustre personaje.

«SI A ES UN ÉXITO EN LA VIDA, ENTONCES A ES IGUAL A X MÁS Y, MÁS Z. X ES EL TRABAJO; Y ES EL JUEGO; Y Z ES SABER ESTAR CALLADO CUANDO TOCA.»

ALBERT EINSTEIN,
The Observer, 1950

ALBERT EINSTEIN

01
VIDA

«LA CIENCIA ES UN INTENTO DE ESTABLECER UNA CORRESPONDENCIA ENTRE LA CAÓTICA DIVERSIDAD DE LA EXPERIENCIA SENSORIAL Y UN SISTEMA DE PENSAMIENTO DE LÓGICA UNIFORME.»

ALBERT EINSTEIN, *De mis últimos años*, 1950

ALBERT EINSTEIN

nació el 14 de marzo de 1879 en Ulm, en el sur de Alemania

OLGASTRASSE

KELTERGASSE

SEDELHOFGASSE

ESTACIÓN DE TREN

FRIEDRICH-EBERT-STRASSE

BAHNHOFPL.

BAHNHOFSTRASSE

El joven Albert no pasaría mucho tiempo en la ciudad de Ulm, donde nació en un bloque de pisos que sería destruido durante la Segunda Guerra Mundial. Ulm está junto al Danubio, cerca de la frontera con Bavaria en el estado alemán de Wurtemberg. Aquí, el padre de Albert, Hermann, y dos de los primos de Hermann regentaban una tienda de colchones de plumas. En 1880, los Einstein se trasladaron a Múnich para abrir con el hermano de Hermann, Jakob, un negocio de equipamientos eléctricos. Si bien eran judíos, los Einstein no eran religiosos y enviarían a Albert a un colegio católico.

ALEMANIA

ULM

MÚNICH

CANADÁ

El inventor Sandford Fleming propone el horario universal y los husos horarios.

Se admiten mujeres estudiantes en la Universidad de Oxford, aunque de momento no pueden graduarse.

EE.UU.

Se funda la Iglesia de Cristo, Científico (Científicos Cristianos).

EE.UU.

Thomas Edison muestra en público su primera bombilla.

EL MUNDO EN
1879

La propia Alemania acababa de unificarse como nación, fundada en 1871 como amalgama de estados soberanos. Dominada por los estados prusianos del norte, los estados del sur –donde vivían los Einstein– se sentían menos integrados en la unión, y Wurtemberg todavía se consideraba más una entidad independiente que una región del floreciente imperio alemán. El mundo de la familia Einstein se definía por los éxitos y fracasos (en realidad, principalmente fracasos) de los negocios de Hermann Einstein. Más tarde se trasladarían a otro estado del sur de Alemania y posteriormente, en la adolescencia de Albert, a Italia, con la intención de mantener el negocio a flote.

CHILE

Chile declara la guerra a Bolivia y Perú por la propiedad del desierto de Atacama.

DINAMARCA

Se estrena la obra *Casa de muñecas*, de Henrik Ibsen, en Copenhague.

RUSIA

Estreno de la ópera *Eugene Onegin*, de Chaikovski.

ALEMANIA

El primer tren eléctrico de pasajeros se pone en marcha en la Exposición de Berlín.

BULGARIA

Se funda el Banco Nacional de Bulgaria.

ALEMANIA

Se crea la compañía química Linde.

SUDÁFRICA

Empieza la guerra anglo-zulú.

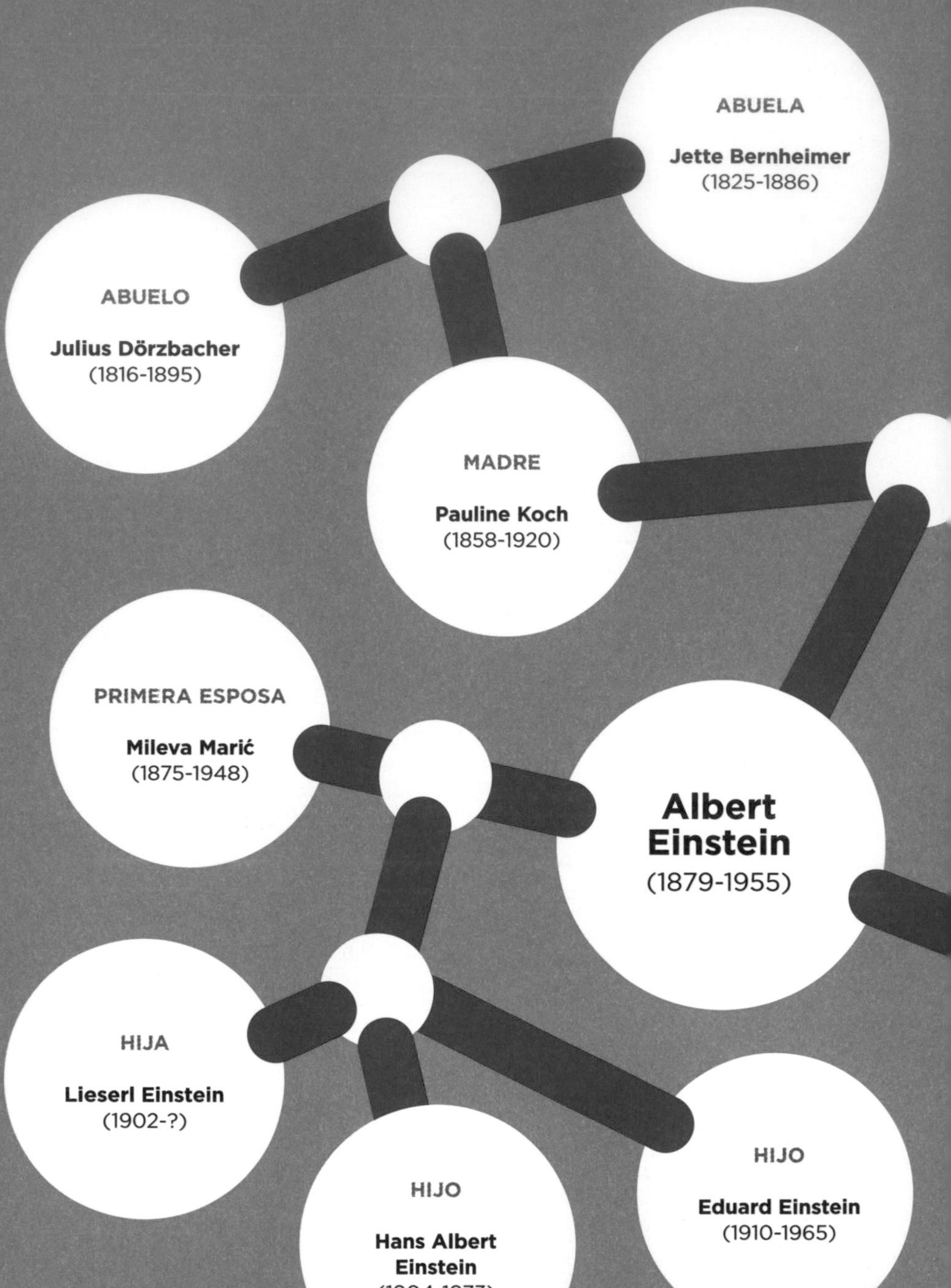

ABUELA
Jette Bernheimer
(1825-1886)

ABUELO
Julius Dörzbacher
(1816-1895)

MADRE
Pauline Koch
(1858-1920)

PRIMERA ESPOSA
Mileva Marić
(1875-1948)

Albert Einstein
(1879-1955)

HIJA
Lieserl Einstein
(1902-?)

HIJO
Hans Albert Einstein
(1904-1973)

HIJO
Eduard Einstein
(1910-1965)

ABUELA

Helene Moos
(1814-1887)

ABUELO

Abraham Einstein
(1808-1868)

PADRE

Hermann Einstein
(1847-1902)

HERMANA

Maja Einstein
(1881-1951)

SEGUNDA ESPOSA

Elsa Einstein
(1876-1936)

LOS EINSTEIN

La madre de Albert, Pauline Koch, nació en
Cannstatt, uno de los distritos de la capital de
Wurtemberg, Stuttgart. Su padre, Hermann,
procedía de Buchau, un municipio cercano mucho
menor, aunque considerado importante por
sus raíces históricas como una de las Ciudades
Imperiales Libres del Sacro Imperio Romano-
Germánico. La familia Koch (el padre de Pauline
se cambió el apellido, Dörzbacher) era la más
acaudalada de las dos: el padre de Pauline era un
comerciante de maíz de cierto estatus y ayudó
a financiar el negocio de Hermann. La segunda
esposa de Albert, Elsa, era su prima hermana y
prima segunda: sus madres eran hermanas y sus
padres eran primos.

PRIMEROS AÑOS

La vida en casa del pequeño Albert fue feliz –tenía unos padres cariñosos y se llevaba bien con su hermana menor–, pero la vida familiar contrastaba con la vida escolar. Su educación escolar favoreció su independencia: sus padres incluso le dejaron ir andando solo al colegio desde los cuatro años de edad, aunque al principio le seguían para vigilarle. Pero su insistencia en hacer las cosas a su manera a menudo era motivo de malas relaciones con sus maestros, y es famosa la afirmación de uno de ellos de que «nunca llegaría a ser nadie de provecho».

Albert asiste a un colegio de primaria católico.

Empieza a tocar el violín.

1879 1880 1881 1882 1883 1884 1885 1886 1887

Albert Einstein nace el 14 de marzo en el hogar familiar de Ulm, Alemania.

Nace la hermana de Albert, Maria, conocida como Maja.

La familia Einstein se traslada a Múnich, donde Hermann, el padre de Albert, funda una empresa con el tío Jakob.

Albert deja de ir al colegio varias semanas a causa de una enfermedad. Su padre le deja una brújula para que juegue y queda fascinado.

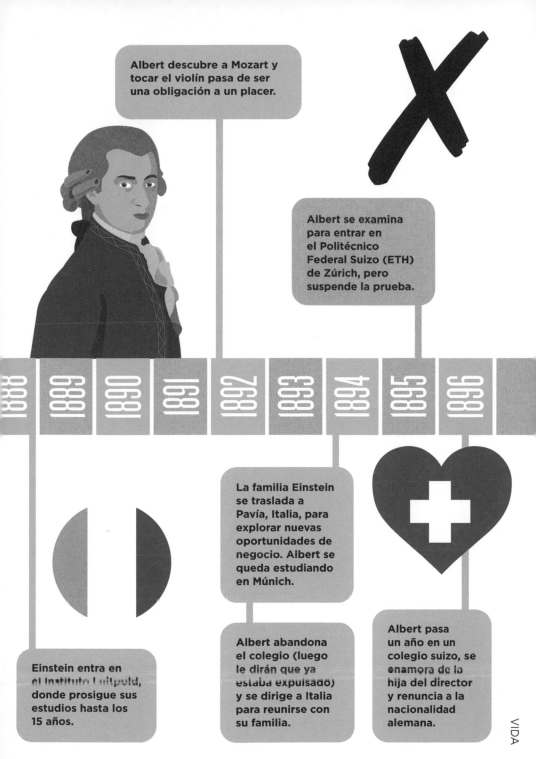

Albert descubre a Mozart y tocar el violín pasa de ser una obligación a un placer.

Albert se examina para entrar en el Politécnico Federal Suizo (ETH) de Zúrich, pero suspende la prueba.

1888 1889 1890 1891 1892 1893 1894 1895 1896

La familia Einstein se traslada a Pavía, Italia, para explorar nuevas oportunidades de negocio. Albert se queda estudiando en Múnich.

Einstein entra en el Instituto Luitpold, donde prosigue sus estudios hasta los 15 años.

Albert abandona el colegio (luego le dirán que ya estaba expulsado) y se dirige a Italia para reunirse con su familia.

Albert pasa un año en un colegio suizo, se enamora de la hija del director y renuncia a la nacionalidad alemana.

ESTA NOCHE: EINSTEIN Y LAS RELATIVIDADES

Hay un instrumento musical indisolublemente relacionado con Albert Einstein: el violín. Einstein no fue nunca un científico práctico –su material de laboratorio consistía en lápiz y papel–, pero sí demostró destreza tocando el violín. No empezó bien. Cuando su madre, entusiasta pianista, contrató a su primer profesor, el pequeño, de cinco años, se negó a tocar con tal pataleta que el profesor decidió marcharse. Afortunadamente, después de encontrar un segundo profesor, Einstein se convirtió en un buen violinista. Afirmaba que su afición empezó cuando descubrió las sonatas de Mozart a los trece años de edad. También disfrutaba tocando el piano. Einstein no es el único gran científico que ha demostrado poseer talento musical...

DE IZQUIERDA A DERECHA: EINSTEIN AL VIOLÍN, BRIAN COX AL SINTETIZADOR, BRIAN MAY A LA GUITARRA, RICHARD FEYNMAN A LOS BONGOS Y MAX PLANCK AL PIANO

PERSEGUIR UN RAYO DE LUZ

Uno de los datos más interesantes acerca de la forma de trabajar de Einstein es que en gran medida desarrollaba sus teorías mentalmente. Utilizando únicamente la cabeza, era capaz de conceptualizar ideas mediante el uso de experimentos mentales. En 1896, Einstein entró en un colegio suizo cuyos principios educativos habían sido revolucionados por Johann Heinrich Pestalozzi. El lema de Pestalozzi, «Aprender con la cabeza, la mano y el corazón», fomentaba la visualización de conceptos, y su impacto en Einstein resulta evidente. En su autobiografía de 1955, *Autobiographische Skizze*, Einstein recordaba: «Durante este año en Aarau, me asaltó la siguiente duda: si uno persigue una onda de luz a la velocidad de la luz, tendría ante sí un campo de ondas independiente del tiempo. ¡Sin embargo, no parece que exista tal cosa!». Este sería el primer experimento mental de Einstein y la base de lo que más adelante se convertiría en su teoría de la relatividad especial. A medida que la carrera de Einstein progresaba, continuaría recurriendo a los experimentos mentales para revolucionar la física moderna.

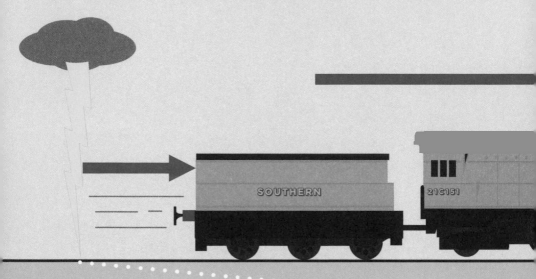

EL TREN DE EINSTEIN

Uno de los primeros experimentos mentales de Einstein examinaba la idea de la simultaneidad, la relación entre dos acontecimientos que se asume que ocurren al mismo tiempo. Según Einstein, los acontecimientos que son simultáneos para un observador pueden no serlo para otro en función del movimiento de estos.

> «LA IMAGINACIÓN ES MÁS IMPORTANTE QUE EL CONOCIMIENTO PORQUE EL CONOCIMIENTO ES LIMITADO, MIENTRAS QUE LA IMAGINACIÓN ABARCA EL MUNDO ENTERO, ESTIMULA EL PROGRESO, ALUMBRA LA EVOLUCIÓN. ES, ESTRICTAMENTE HABLANDO, UN FACTOR REAL EN LA INVESTIGACIÓN CIENTÍFICA.»

ALBERT EINSTEIN, *Cosmic Religion: With Other Opinions and Aphorisms*, 1931

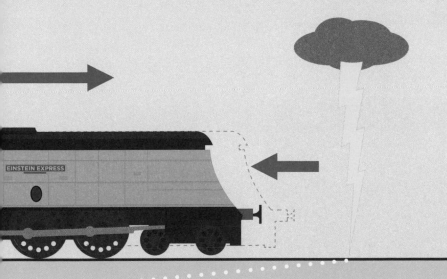

En el experimento, Einstein imaginó dos rayos impactando en una vía de tren al mismo tiempo, pero a ambos extremos de un tren. En el caso de un pasajero sentado en el medio del tren, si el tren se está moviendo hacia delante a gran velocidad, en el momento en que le llegue la luz, se encontrará más cerca del rayo que impacta en la parte frontal. El pasajero creería entonces que este rayo cayó primero. Sin embargo, para un observador situado al lado de la vía, a medio camino entre los dos impactos de rayo, los rayos habrán caído simultáneamente. Einstein se dio cuenta de que las dos personas en movimiento relativo experimentan el tiempo de forma distinta, lo cual significa que la simultaneidad es relativa.

EDAD ADULTA

La vida del Einstein adulto presenta dos etapas diferenciadas. Desde su paso por la Escuela Politécnica Federal de Zúrich (ETH) hasta su marcha definitiva de Alemania, viajó con frecuencia. Tras dejar la oficina de patentes, ocupó puestos universitarios en diversos países europeos, y durante este período llevó a cabo sus mejores trabajos. Su matrimonio fracasó, pero enseguida se casó de nuevo con Elsa Lowenthal. La segunda etapa empezó con su traslado a los EE.UU. Aunque viajaría para dar charlas y acudir a actos, Einstein nunca dejó su casa de Princeton, en Nueva Jersey. Continuó trabajando hasta el fin de su vida, pero ya sin más grandes logros.

1903

Einstein se casa con Mileva Marić. Empleada de la oficina de patentes de Berna.

1896

En su segundo intento, Einstein entra en la Escuela Politécnica Federal de Zúrich (ETH), en Suiza.

1902

Nace su hija Lieserl, que se supone que fue adoptada o que murió, ya que no existen más datos sobre ella.

1900

Graduado por la ETH, Einstein obtiene el diploma de profesor de matemática y de física.

1901

Einstein obtiene la nacionalidad suiza.

1904

Nace el primer hijo varón de Einstein con Mileva, Hans Albert, que se convertirá en profesor de ingeniería.

1910

Nace el tercer hijo de la pareja, Eduard.

1914

Einstein y Mileva se separan. Ella se traslada a Zúrich y se lleva consigo a Eduard y a Hans Albert.

1919

Tras cinco años de separación, Einstein y Mileva finalmente se divorcian. El mismo año, Albert se casa con Elsa Lowenthal.

1955

Einstein fallece en el Hospital de Princeton de un aneurisma aórtico.

1940

Einstein obtiene la nacionalidad estadounidense.

1936

Después de la muerte de Elsa, Einstein recibe el cuidado de su secretaria, Helen Dukas.

1933

Einstein se traslada a los EE.UU. y se establece en Princeton, Nueva Jersey.

OFICINA DE PATENTES

En 1900, Einstein se graduó en la universidad en Zúrich y se pasó dos años buscando empleo, hasta que aceptó un puesto como «experto técnico» en la oficina de patentes de Berna, a 96 km. Para Einstein se trataba de un trabajo fácil que le permitía dedicar tiempo a elaborar sus primeros artículos científicos y finalizar su tesis doctoral. Incluso es probable que en la oficina encontrara inspiración para reflexionar sobre la relatividad especial, que trataba sobre la interacción del espacio con el tiempo. En su puesto laboral, Einstein gestionó diversas patentes sobre la sincronización de los relojes ferroviarios mediante el telégrafo eléctrico que transformaron las escalas temporales de la comunicación. A menudo ilustraba la relatividad con ejemplos de vías de tren y relojes sincronizados.

BERNA

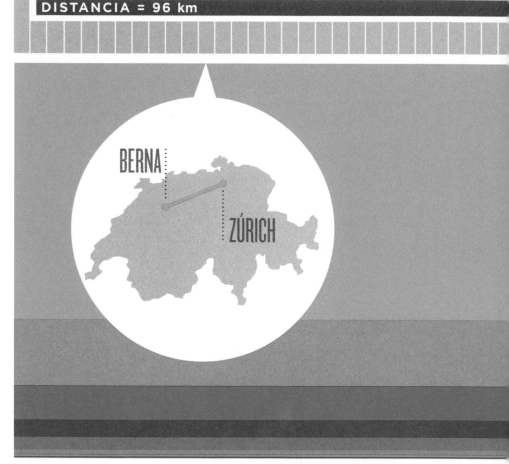

DISTANCIA = 96 km

BERNA

ZÚRICH

El telégrafo transformó las escalas temporales entre ciudades. Esta gráfica muestra lo que se tardaría en comunicar Zúrich –donde Einstein se graduó– con Berna –donde trabajó en la oficina de patentes– con el telégrafo y otros métodos.

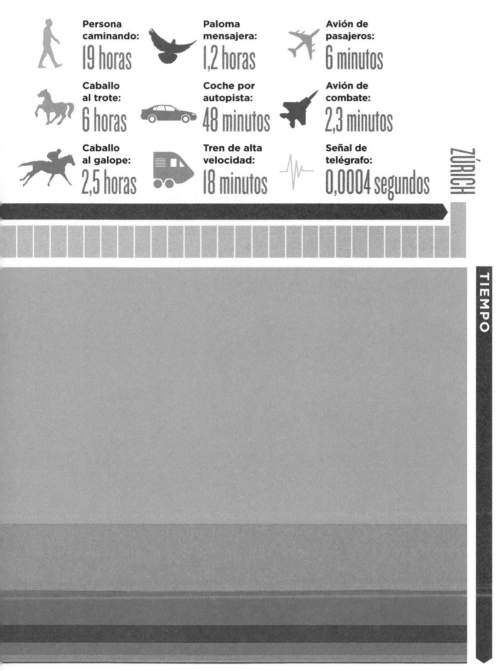

Persona caminando:
19 horas

Paloma mensajera:
1,2 horas

Avión de pasajeros:
6 minutos

Caballo al trote:
6 horas

Coche por autopista:
48 minutos

Avión de combate:
2,3 minutos

Caballo al galope:
2,5 horas

Tren de alta velocidad:
18 minutos

Señal de telégrafo:
0,0004 segundos

ZÚRICH

TIEMPO

VIDA

EL FÍSICO VIAJERO

La mayoría de académicos viajan de un lugar a otro durante su carrera, pero al principio de los años 1900, era raro que un adolescente fuese un ciudadano tan internacional. Einstein, tras haber vivido en Italia con sus padres y renunciar a su ciudadanía alemana, parecía que iba a instalarse en Suiza. Sin embargo, una vez se ganó credibilidad académica, pasó por diversos estados centroeuropeos antes de volver a residir en Alemania. El ascenso de Hitler al poder significó que Einstein se viera obligado a trasladarse de nuevo. Después de considerar la opción del Reino Unido, optó por los EE.UU., donde el Instituto de Estudios Avanzados, dedicado de lleno a la investigación, sería un hogar académico ideal.

● **Ulm, Alemania** (1879-1880)
Lugar de nacimiento.

● **Múnich, Alemania** (1880-1894)
Infancia.

● **Pavía, Italia** (1894-1895)
Primera experiencia fuera de Alemania.

● **Aarau, Suiza** (1895-1896)
Educación secundaria y primer amor.

● **Zúrich, Suiza** (1896-1902)
Universidad.

● **Bern, Suiza** (1902-1909)
Empleo en la oficina de patentes, primer matrimonio y primer puesto académico.

Zúrich, Suiza (1909-1911)
Profesor asociado de la Universidad de Zúrich.

Praga, Checoslovaquia (1911-1912)
Profesor en la Universidad Karl-Ferdinand.

Zúrich, Suiza (1912-1914)
Profesor en su *alma mater*, la ETH.

Berlín, Alemania (1914-1933)
Relatividad general, fama internacional y segundo matrimonio.

Nueva York, EE.UU. (1921)
Primera visita a los EE.UU.

Nueva York y Pasadena, EE.UU. (1930-1931)
Segunda visita a los EE.UU.

De Haan, Bélgica (1933)
A salvo de la Alemania de Hitler.

Londres, Inglaterra (1933)
Persuade a Winston Churchill para que ayude a los científicos judíos de Alemania, pero fracasa en su intento de obtener la nacionalidad británica.

Princeton, EE.UU. (1933-1955)
Profesor del Instituto de Estudios Avanzados y ciudadanía norteamericana.

EL CEREBRO DE EINSTEIN

Desde que se identificara el cerebro como el centro de la inteligencia, muchos se han preguntado si los grandes pensadores tendrían cerebros especialmente grandes o complejos. El patólogo que llevó a cabo la autopsia de Einstein conservó su cerebro (sin permiso de la familia), lo fotografió y lo seccionó en más de 240 bloques, que embebió en una sustancia plástica llamada colodión y preservó en alcohol. Se halló más de 20 años después almacenado en dos tarros dentro de una caja de sidra. Aunque se han señalado algunas peculiaridades, como una mayor región cerebral dedicada al procesamiento visual, no existen pruebas de que el cerebro de Einstein fuera marcadamente diferente del típico cerebro humano.

Peso medio de cerebros:

BEBÉ DE 1 AÑO
0,8 kg

MUJER
1,22 kg

ALBERT EINSTEIN
1,23 kg

HOMBRE
1,35 kg

CHIMPANCÉ
420 g

CUERVO 15 g

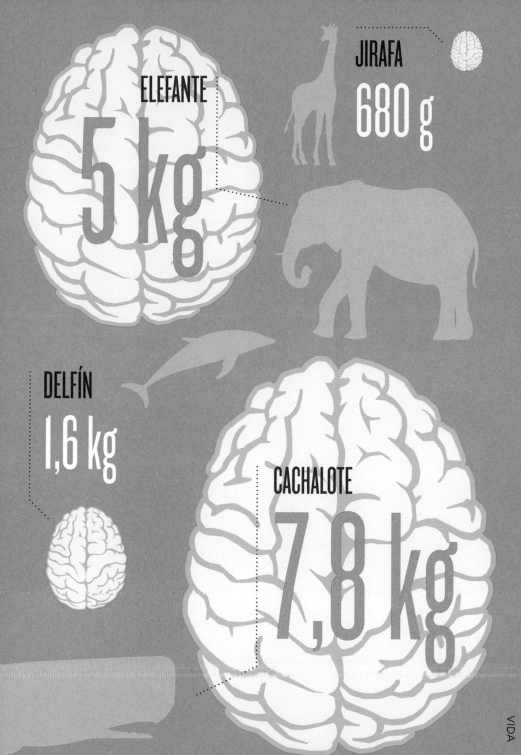

ELEFANTE
5 kg

JIRAFA
680 g

DELFÍN
1,6 kg

CACHALOTE
7,8 kg

MUERTE DE UN GENIO

Einstein ingresó en el Hospital de Princeton, en Nueva Jersey, el 15 de abril de 1955 con lo que se describió como «dolores internos». Había sido intervenido de un aneurisma aórtico abdominal en 1948 pero optó por no someterse de nuevo a la cirugía y falleció a causa de su ruptura. A petición suya, se esparcieron sus cenizas, pero en contra de su voluntad y sin el permiso de la familia, el patólogo Thomas Stoltz Harvey conservó sus ojos y su cerebro. Los ojos serían entregados al optometrista de Einstein, Henry Abrams, y siguen depositados en una caja fuerte en Nueva York, mientras que el cerebro, tras ser diseccionado y examinado, fue convenientemene almacenado y no se recuperó hasta 1997.

FECHA
18 DE ABRIL DE 1955

EDAD 76

CAUSA DE LA MUERTE
Aneurisma aórtico abdominal.

ÚLTIMAS PALABRAS
Musitó algo en alemán que ni se comprendió ni se documentó.

LÁPIDA
Einstein pidió que se esparcieran sus cenizas por un lugar no revelado para que su tumba no se convirtiera en un santuario.

«NINGÚN HOMBRE CONTRIBUYÓ TANTO A LA VASTA EXPANSIÓN DEL CONOCIMIENTO EN EL SIGLO XX, NO OBSTANTE, NINGÚN HOMBRE FUE MÁS MODESTO EN POSESIÓN DEL PODER QUE REPRESENTA EL CONOCIMIENTO, MÁS SEGURO DE QUE EL PODER SIN SABIDURÍA ES MORTAL. PARA TODOS LOS QUE VIVIMOS EN LA ERA NUCLEAR, ALBERT EINSTEIN EJEMPLIFICÓ LA IMPONENTE CAPACIDAD CREATIVA DEL INDIVIDUO EN UNA SOCIEDAD LIBRE.»

Palabras del presidente Dwight D. Eisenhower a la muerte de Einstein, 1955

ALBERT EINSTEIN

02
MUNDO

«LA CULTURA EN SUS FORMAS MÁS ELEVADAS ES UNA DELICADA PLANTA QUE DEPENDE DE UN COMPLICADO CONJUNTO DE CONDICIONES Y TIENE LA COSTUMBRE DE FLORECER SOLO EN UNOS POCOS SITIOS EN UN MOMENTO DADO.»

ALBERT EINSTEIN, *Mi visión del mundo*, 1949

FÍSICA CLÁSICA

- Mecánica
- Leyes del movimiento de Newton
- Óptica
- Acústica
- Termodinámica
- Electrodinámica
- Electromagnetismo
- Dinámica de fluidos

3 LEYES DEL MOVIMIENTO DE NEWTON

I. Un cuerpo en reposo permanecerá en reposo y un cuerpo en movimiento permanecerá en movimiento, a menos que una fuerza externa actúe sobre él.

II. La fuerza que actúa sobre un objeto es igual a la masa de dicho objeto multiplicada por su aceleración.

III. Por cada acción se produce una reacción igual y opuesta.

FÍSICA MODERNA

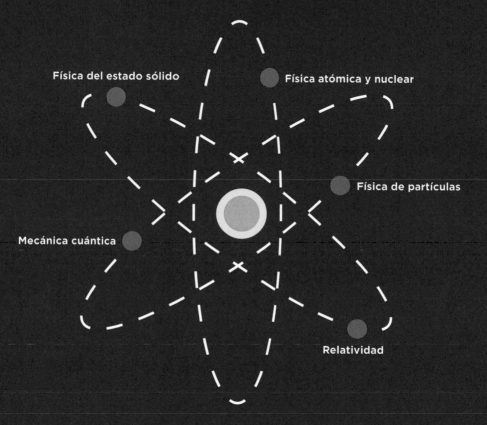

Física del estado sólido

Física atómica y nuclear

Física de partículas

Mecánica cuántica

Relatividad

Al fin del siglo xix, la física se encontraba aún limitada por sus bases fundamentales, desarrolladas a lo largo de 2.000 años por científicos como Isaac Newton, Galileo y Michael Faraday. La física clásica se dedicaba a lo observable: velocidades menores a la velocidad de la luz y tamaños mayores al átomo, incluido el estudio del movimiento y la comprensión básica del universo. Se dice a menudo que en 1900, el físico británico Lord Kelvin afirmó: «Ya no hay nada nuevo que descubrir en el mundo de la física. Solo queda realizar más medidas y más precisas», aunque no hay pruebas de que realmente se pronunciara así. No obstante, en 1905, el revolucionario trabajo de Einstein sobre la relatividad abrió la posibilidad de que la física no estuviera completa, lo cual preparó el camino para la física moderna. A diferencia de la física clásica, la física moderna se centra en velocidades muy elevadas y distancias diminutas, e incluye la física nuclear y la teoría cuántica. En su forma más simple, la física clásica puede definirse como el estudio llevado a cabo hasta el siglo xx, mientras que la física se considera moderna a partir de 1900 hasta el presente.

DESCUBRIMIENTOS CIENTÍFICOS DEL SIGLO XX

WALTER SUTTON Y THEODOR BOVERI SUGIEREN QUE LOS CROMOSOMAS LLEVAN INFORMACIÓN HEREDITARIA

1902

ALBERT EINSTEIN PRUEBA LA EXISTENCIA Y EL TAMAÑO DE LOS ÁTOMOS Y LAS MOLÉCULAS, PROPONE EL EFECTO FOTOELÉCTRICO, Y SUGIERE LA TEORÍA DE LA RELATIVIDAD ESPECIAL Y LA ECUACIÓN $E=mc^2$

1905

ERNEST RUTHERFORD DESCUBRE LA ESTRUCTURA ATÓMICA

1911

NIELS BOHR PROPONE LA TEORÍA CUÁNTICA DEL ÁTOMO

1913

EDWIN HUBBLE REVELA QUE EL UNIVERSO ES MÁS QUE LA VÍA LÁCTEA

1923

Resulta fácil confundir la fama con la contribución destacada a la ciencia. Algunos científicos se conocen más por su exposición a los medios que por su trabajo, y Einstein fue seguramente el científico más célebre desde Newton. En ambos casos, no obstante, la fama era merecida. Del mismo modo que Newton fue clave para cambiar la ciencia del siglo XVII, Einstein contribuyó a los dos grandes descubrimientos de la física del siglo XX. Esto no significa, claro está, que Einstein protagonizara la única aportación significativa al conocimiento científico del siglo. El siglo XX supuso una transformación del modo en que se desarrolla la ciencia y se comprenden todas las cosas, desde el universo entero hasta los mecanismos de la vida.

GEORGES LEMAÎTRE DEMUESTRA QUE EL UNIVERSO SE EXPANDE
1927

ALEXANDER FLEMING DESCUBRE LA PENICILINA
1928

JAMES WATSON Y FRANCIS CRICK REVELAN LA ESTRUCTURA DEL ADN
1953

ARNO PENZIAS Y ROBERT WILSON DETECTAN LA RADIACIÓN DE FONDO DE MICROONDAS CÓSMICAS, A VECES LLAMADA «ECO» DEL BIG BANG
1964

SE DESCUBRE LA ENERGÍA OSCURA, QUE ACELERA LA EXPANSIÓN DEL UNIVERSO
1998

CIENCIA Y RELIGIÓN

Einstein no profesaba una fe religiosa concreta, pero le gustaba la idea de un «Dios de todas las cosas» que no interfería, al cual en ocasiones se refería como «el viejo». Afirmaba que no era ateo sino agnóstico. Además de su famosa frase, «Dios no juega a los dados con el universo», que expresa su desagrado por los aspectos probabilísticos de la teoría cuántica, sus comentarios más conocidos sobre Dios enmarcan su actitud ante la vida. En 1921 dijo: «*Raffiniert ist der Herrgott, aber boshaft ist er nicht*», que se puede traducir como «El Señor es refinado, pero malicioso no es», si bien su versión preferida era «Dios es astuto, pero sin mala fe». Pero más adelante, subrayó: «He cambiado de parecer. Tal vez Dios sea malicioso». Ciencia y fe a menudo se enfrentan, pero como indica la ilustración, ambas se solapan.

- ● Creyentes
- ● Agnósticos e indecisos
- ● Ateos

CHARLES BABBAGE
RENÉ DESCARTES
MICHAEL FARADAY
GALILEO GALILEI
WERNER HEISENBERG
ANTONY HEWISH
LORD KELVIN
GEORGES LEMAÎTRE
JAMES CLERK MAXWELL
ISAAC NEWTON
MAX PLANCK
ABDUS SALAM

DAVID ATTENBOROUGH

FRANCIS CRICK

MARIE CURIE

CHARLES DARWIN

ALBERT EINSTEIN

ENRICO FERMI

ROSALIND FRANKLIN

MURRAY GELL-MANN

MARTIN REES

NIELS BOHR

RICHARD DAWKINS

PAUL DIRAC

RICHARD FEYNMAN

EDMOND HALLEY

STEPHEN HAWKING

FRED HOYLE

LINUS PAULING

ERWIN SCHRÖDINGER

JAMES WATSON

CARTEO CON BORN

Einstein y el físico alemán Max Born fueron amigos más de 40 años, y durante gran parte de este tiempo mantuvieron correspondencia donde mezclaban comentarios sobre sus ideas científicas con observaciones más cotidianas. Born, abuelo de la famosa cantante Olivia Newton-John, se dedicó a la física cuántica junto con Heisenberg y Schrödinger. Una de sus principales contribuciones al campo fue darse cuenta de que la ecuación de ondas de Schrödinger no describía la ubicación de una partícula sino más bien la probabilidad de hallarla en una ubicación concreta. Como Born situó la probabilidad en el centro de la teoría cuántica, a él se dirigían algunas de las críticas más conocidas de Einstein.

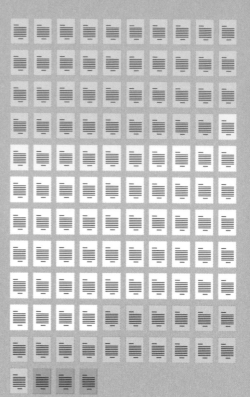

114 CARTAS

De Einstein a Max Born

De Einstein a Max y su esposa Hedi

De Max Born a Einstein

De Einstein a Hedi Born

De Max y Hedi Born a Einstein

◀ Max Born fue un físico y matemático alemán esencial en el desarrollo de la mecánica cuántica.

1924 EINSTEIN A LOS BORN

«Considero intolerable la idea de que un electrón expuesto a radiación vaya a elegir por libre albedrío, no solo el momento en que saltará, sino también la dirección. En tal caso, preferiría ser zapatero, incluso empleado de un casino, antes que físico.»

EINSTEIN A BORN 1926

«La mecánica cuántica se está ciertamente imponiendo. Pero una vocecita me dice que no es definitiva. La teoría dice mucho, pero no parece acercarnos más al secreto del "viejo". Yo, en todo caso, estoy convencido de que Él no está jugando a los dados.»

1933 EINSTEIN A BORN

«He sido ascendido a "monstruo diabólico" en Alemania, y me han quitado todo el dinero. Pero me consuela la idea de que el dinero se hubiera acabado pronto de todas formas.»

EINSTEIN A BORN 1936

«Junto con un joven colaborador, he llegado al interesante resultado de que las ondas gravitacionales no existen.» (Más adelante volvería a cambiar de parecer.)

1947 EINSTEIN A BORN

«No puedo creer en serio en [la actual teoría cuántica] porque la teoría no es reconciliable con la idea de que la física debería representar una realidad en el tiempo y el espacio, libre de turbadoras acciones a distancia.»

EINSTEIN Y LA BOMBA

Todo empezó con E=mc², o m=L/V², como Einstein anotaría la ecuación en su artículo de 1905 (L es la energía liberada y V la velocidad de la luz). Einstein sugirió la comprobación de su idea mediante sales radioactivas de radio, pero no imaginaba una aplicación práctica de su trabajo. En 1939, no obstante, con el desarrollo de reacciones nucleares en cadena y la fisión nuclear, persuadieron a Einstein para firmar una carta en contra de sus creencias pacifistas exigiendo al presidente norteamericano Roosevelt que autorizara la investigación en armas nucleares como respuesta a la amenaza de Alemania de hacer lo propio. Más tarde, Einstein expresaría su arrepentimiento por haber firmado dicha carta, y por sus consecuencias.

ALTO EXPLOSIVO

COHETE V-2 (1944)

El primer misil balístico guiado de largo alcance.

FISIÓN

LITTLE BOY (1945)

Primera bomba atómica utilizada en guerra. Se lanzó sobre Hiroshima, Japón.

W73 (1978)

Cabeza explosiva de menor tamaño para misil de fisión Trident II.

TERMONUCLEAR

CASTLE BRAVO (1954)

Bomba termonuclear de mayor tamaño detonada por los EE.UU.

DISTANCIA DE EFECTO

0,01 km

11,4 km²

242 km²

3.640 km²

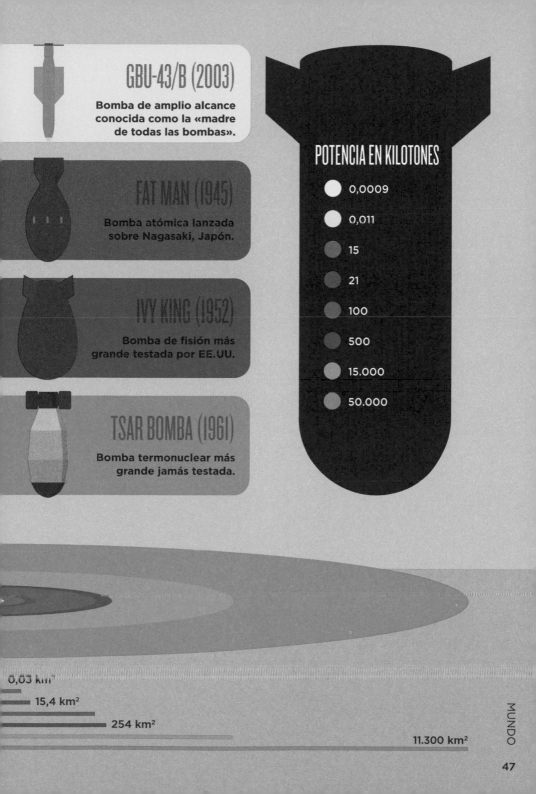

GBU-43/B (2003)

Bomba de amplio alcance conocida como la «madre de todas las bombas».

FAT MAN (1945)

Bomba atómica lanzada sobre Nagasaki, Japón.

IVY KING (1952)

Bomba de fisión más grande testada por EE.UU.

TSAR BOMBA (1961)

Bomba termonuclear más grande jamás testada.

POTENCIA EN KILOTONES

- 0,0009
- 0,011
- 15
- 21
- 100
- 500
- 15.000
- 50.000

0,03 km²

15,4 km²

254 km²

11.300 km²

AVANCE NUCLEAR

La Segunda Guerra Mundial tuvo un impacto enorme e irreversible en la ciencia. Con el descubrimiento de la fisión nuclear y el estudio de las reacciones nucleares en cadena en la década de 1930, la creación de una bomba atómica durante la guerra era solo cuestión de tiempo. Simultáneamente, Alemania fabricaba accesorios de cohetes que representarían la tecnología clave para el desarrollo de la ciencia espacial en los EE.UU. y la URSS.

La palabra «nuclear» suele presentar connotaciones negativas, debido a su inmenso potencial destructivo, pero el desarrollo de la fisión también ha supuesto grandes beneficios para la humanidad.

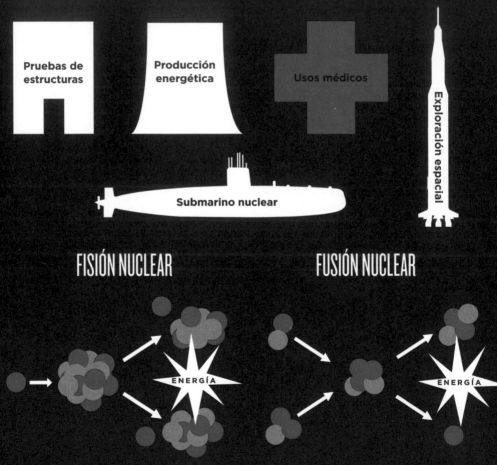

Pruebas de estructuras

Producción energética

Usos médicos

Exploración espacial

Submarino nuclear

FISIÓN NUCLEAR

FUSIÓN NUCLEAR

ENERGÍA

ENERGÍA

Un neutrón (rojo) se dispara al núcleo de un átomo. Este se divide en dos, liberando energía, así como más neutrones que crean una reacción en cadena.

Dos núcleos atómicos, a menudo isótopos de hidrógeno, colisionan para formar un núcleo más grande. Esto libera una gran cantidad de energía.

CRONOLOGÍA DE LA BOMBA ATÓMICA

Londres, Reino Unido
El físico húngaro Leo Szilard acuña el concepto de reacción nuclear en cadena.

Berlín, Alemania
Los químicos alemanes Otto Hahn y Fritz Strassmann publican un informe sobre su logro en fisión nuclear.

Estocolmo, Suecia
Los físicos Lise Meitner y Otto Frisch publican una teoría de fisión nuclear que incluye su potencial para armas nucleares.

Washington D.C., EE.UU.
El presidente Franklin Roosevelt recibe una carta de Einstein y Szilard señalando el riesgo de armas nucleares alemanas y la necesidad de que los EE.UU. las desarrollen.

Berlín, Alemania
El proyecto nuclear alemán se divide en tres áreas: uranio y producción de agua pesada, separación de isótopo de uranio y la Uranmaschine (máquina de uranio).

Washington D.C., EE.UU.
El presidente Franklin Roosevelt aprueba un programa atómico.

Manhattan, EE.UU.
Se establece la oficina de relaciones para la parte militar del proyecto y se bautiza con el nombre de «Proyecto Manhattan».

Berlín, Alemania
El programa alemán de armas nucleares se aparca en favor de proyectos de guerra más urgentes. Alemania se vuelve a centrar en el uso energético de la potencia nuclear.

Peenemünde, Alemania
Se lanza sobre Londres el primer misil balístico V-2: sería el comienzo de la carrera espacial entre los EE.UU. y la URSS.

Alamogordo, EE.UU.
Se detona la primera bomba atómica con éxito en el Trinity test.

Hiroshima, Japón
Se lanza la bomba de uranio Little Boy.

Nagasaki, Japón
Se lanza la bomba de plutonio Fat Man.

1930
1931
1932
1933
1934
1935
1936
1937
1938
1939
1940
1941
1942
1943
1944
1945
1946
1947
1948
1949
1950

ÉXODO CIENTÍFICO

En la década de 1920, el Estado alemán mantenía una actitud contradictoria hacia la figura de Einstein. Por una parte, se trataba del gran científico patrio celebrado en todo el mundo por su teoría general de la relatividad. Por otra parte, era judío y claramente poco patriótico, ya que renunció a su nacionalidad alemana. Nada ilustra mejor esta dualidad que el hecho de que la ciudad de Berlín celebrara el 50 cumpleaños de Einstein regalándole una casa cerca del río Havel, mientras que al mismo tiempo las autoridades alemanas criticaban su «física judía». Antes de trasladarse a los EE.UU., Einstein se esforzaría en visitar otros países para alentar a las autoridades a refugiar científicos (no todos judíos) y sus familias.

Físicos que se trasladaron a otros países debido a la llegada de Hitler al poder:

ALBERT EINSTEIN

Nacido en Alemania, Einstein visitó el Reino Unido para pedir al gobierno que sacara de Alemania a científicos judíos. Viajó a los EE.UU. en 1933, y obtuvo la nacionalidad en 1940.

MAX BORN

Abandonó su país de nacimiento, Alemania, en 1933 y viajó al Reino Unido tras un breve paso por la India. Obtuvo la nacionalidad británica en 1939.

ERWIN SCHRÖDINGER

Nació en Austria y enseñó en Alemania. Como Einstein, fue al Reino Unido, pero se trasladó a Irlanda y obtuvo la nacionalidad irlandesa en 1948.

NIELS BOHR

Con Dinamarca ocupada por los nazis, dejó su país natal por el Reino Unido, vía Suecia, en 1943. El mismo año, visitó a Einstein y a Wolfgang Pauli en los EE.UU. antes de regresar a Dinamarca en 1945.

ENRICO FERMI

Fermi nació en Italia y viajó a Suecia para recibir el Premio Nobel. No regresó a casa y en su lugar aceptó una plaza en la Universidad de Columbia, en EE.UU. Obtuvo la nacionalidad en 1944.

LISE MEITNER

Nacida en Austria-Hungría, fue la primera mujer profesora de física en la Universidad de Berlín. Abandonó Alemania para ir a los Países Bajos en 1938, año en que se trasladó a Suecia y obtuvo la nacionalidad en 1949.

OTTO FRISCH

Frisch se trasladaba periódicamente. Nació en Austria-Hungría y estudió en Alemania. Abandonó el país cuando nombraron canciller a Hitler. En 1943, obtuvo nacionalidad británica.

WOLFGANG PAULI

Austríaco de nacimiento, Pauli enseñó en Suiza, pero al estallar la guerra se vio obligado a marcharse a EE.UU. Fue ciudadano naturalizado de los EE.UU., pero regresó a Suiza en 1946.

HANS BETHE

Bethe abandonó Alemania en 1933 cuando se expulsó a los científicos judíos de los puestos académicos. Enseñó en el Reino Unido y en los EE.UU. y obtuvo nacionalidad en 1941.

EDWARD TELLER

Con el ascenso de Hitler al poder, el austrohúngaro Teller huyó de Alemania para ir al Reino Unido en 1933. Emigró a los EE.UU. en 1935 y obtuvo la nacionalidad en 1941.

5 COSAS QUE NO SABÍAS DE ALBERT EINSTEIN

1 Cuando nació la hermana de Einstein, su madre le había prometido «algo nuevo para jugar». Quedó decepcionado al ver al bebé y preguntó: «¿Dónde tiene las ruedas?».

2 Einstein nunca usaba calcetines porque: «De joven me di cuenta de que el dedo gordo siempre acababa agujereando el calcetín. Por eso dejé de llevar calcetines.»

3 Después de trasladarse a los EE.UU., Einstein tuvo una barca de 5 metros llamada *Tinef*, «inútil» en yidis. No era un marinero experimentado y nunca aprendió a nadar, de modo que tuvo que ser rescatado en numerosas ocasiones.

4 Einstein pasó varias semanas en el Reino Unido en 1933, reuniéndose con Winston Churchill y solicitando apoyo para los científicos judíos de Alemania. Más adelante organizó una colecta en el Royal Albert Hall de Londres donde consiguió 500.000 dólares para el Consejo de Asistencia Académica, que sacó a investigadores de Alemania.

5 En su vejez, Einstein una vez olvidó su dirección y llamó a la oficina para que se la dieran, pero tenían instrucciones de no facilitarla para que nadie le molestara, de modo que al principio se negaron a decírsela.

ALBERT EINSTEIN

03
OBRA

«EL DESARROLLO COMPLETO DE LA TEORÍA [DE LA RELATIVIDAD] GIRA EN TORNO A LA CUESTIÓN SOBRE SI EXISTEN ESTADOS DE MOVIMIENTO PREFERIDOS EN LA NATURALEZA.»

ALBERT EINSTEIN, ponencia ante la
Asamblea Nórdica de Naturalistas,
Gotemburgo, 1923

CURRÍCULUM

EXPERIENCIA LABORAL

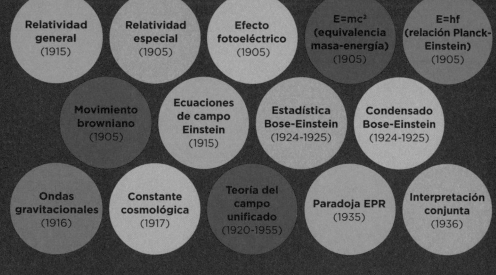

Profesor asociado, Universidad de Berna, Berna, Suiza

Profesor Asociado de Física Teórica, Universidad de Zúrich, Zúrich, Suiza

Ayudante de investigación, Oficina Federal de la Propiedad Intelectual, Berna, Suiza

| 1900 | 1901 | 1902 | 1903 | 1904 | 1905 | 1906 | 1907 | 1908 | 1909 | 1910 | 1911 | 1912 | 1913 |

Profesor de Física Teórica, Universidad Karl-Ferdinand, Praga, Checoslovaquia

| 1927 | 1926 | 1925 | 1924 | 1923 | 1922 | 1921 | 1920 | 1919 | 1918 | 1917 | 1916 | 1915 | 1914 |

Director, Instituto Kaiser Wilhelm de Física, Berlín, Alemania

Profesor de Física Teórica, Universidad de Zúrich, Zúrich, Suiza

| 1928 | 1929 | 1930 | 1931 | 1932 | 1933 | 1934 | 1935 | 1936 | 1937 | 1938 | 1939 | 1940 | 1941 |

Profesor de Física Teórica, Instituto de Estudios Avanzados, Princeton, EE. UU.

| 1955 | 1954 | 1953 | 1952 | 1951 | 1950 | 1949 | 1948 | 1947 | 1946 | 1945 | 1944 | 1943 | 1942 |

TEORÍAS Y DESCUBRIMIENTOS BASADOS EN ELLAS

Relatividad general (1915)

Relatividad especial (1905)

Efecto fotoeléctrico (1905)

$E=mc^2$ **(equivalencia masa-energía)** (1905)

$E=hf$ **(relación Planck-Einstein)** (1905)

Movimiento browniano (1905)

Ecuaciones de campo Einstein (1915)

Estadística Bose-Einstein (1924-1925)

Condensado Bose-Einstein (1924-1925)

Ondas gravitacionales (1916)

Constante cosmológica (1917)

Teoría del campo unificado (1920-1955)

Paradoja EPR (1935)

Interpretación conjunta (1936)

ARTÍCULOS PUBLICADOS +300

AÑO CLAVE 1905

Casi todos los matemáticos y científicos alcanzan un punto álgido de jóvenes. El año excepcional de Einstein fue 1905 –tenía 26 años–, pero disfrutó de un período de actividad creativa más prolongado que la mayoría de científicos de su campo.

NACIONALIDADES

1901	1914	1940
Suiza	Alemana (renuncia en 1933)	Estadounidense

ARTÍCULOS CLAVE

- *Sobre un punto de vista heurístico concerniente a la producción y transformación de la luz,* **marzo de 1905**
  Teoría merecedora del Premio Nobel

- *Una nueva determinación de las dimensiones moleculares,* **abril de 1905**
  Tesis doctoral

- *Zur Elektrodynamik bewegter Körper (Sobre la electrodinámica de los cuerpos en movimiento),* **junio de 1905**
  Teoría de la relatividad especial

- *Ist die Trägheit eines Körpers von seinem Energieinhalt abhängig? (¿Depende la masa inercial de la energía?),* **septiembre de 1905**
  Breve artículo basado en la teoría de la relatividad especial que demostraba que $E=mc^2$

IDIOMAS

Alemán   Inglés

REFERENTES

Alfred Kleiner

Heinrich Friedrich Weber

CITA NO NECESARIA

NÚMERO DE CITAS DE LOS ARTÍCULOS DE EINSTEIN

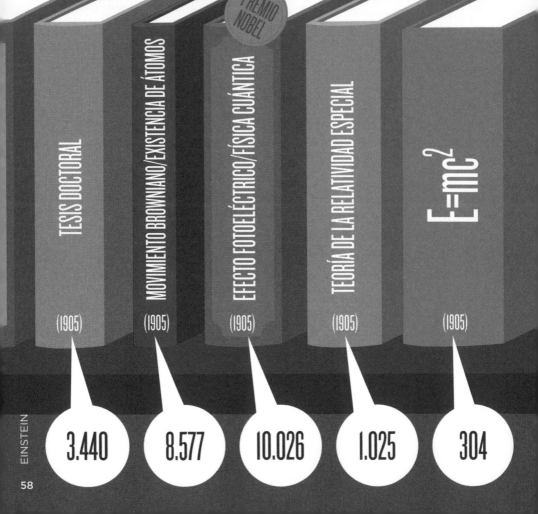

TESIS DOCTORAL (1905) — 3.440

MOVIMIENTO BROWNIANO/EXISTENCIA DE ÁTOMOS (1905) — 8.577

EFECTO FOTOELÉCTRICO/FÍSICA CUÁNTICA (1905) — 10.026

PREMIO NOBEL

TEORÍA DE LA RELATIVIDAD ESPECIAL (1905) — 1.025

$E=mc^2$ (1905) — 304

No hay otro científico en la historia que haya conseguido tanto en un solo año como lo hiciera Einstein en 1905. En aquel momento, trabajaba en la oficina suiza de patentes en Berna y no gozaba de estatus académico. Aun así, además de completar su doctorado, consiguió publicar cuatro artículos que en conjunto requerirían más de una vida de dedicación para muchos científicos. Los artículos confirmaban la existencia de átomos, explicaban el efecto fotoeléctrico por medio de la teoría cuántica (el artículo que le haría merecedor del Premio Nobel), establecían la teoría de la relatividad especial y señalaban que $E=mc^2$. Los estudios de Einstein se citan relativamente con poca frecuencia por otros autores. Los artículos más citados tienden a presentar métodos prácticos: las teorías de Einstein eran tan fundamentales que rara vez se considera que deban citarse.

AUTORES MÁS CITADOS, SEGÚN LA REVISTA *NATURE*, 2014

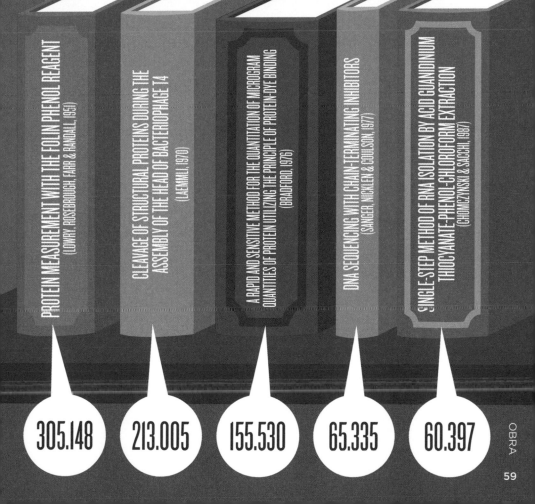

PROTEIN MEASUREMENT WITH THE FOLIN PHENOL REAGENT
(LOWRY, ROSEBROUGH, FARR & RANDALL, 1951)

CLEAVAGE OF STRUCTURAL PROTEINS DURING THE ASSEMBLY OF THE HEAD OF BACTERIOPHAGE T4
(LAEMMLI, 1970)

A RAPID AND SENSITIVE METHOD FOR THE QUANTITATION OF MICROGRAM QUANTITIES OF PROTEIN UTILIZING THE PRINCIPLE OF PROTEIN-DYE BINDING
(BRADFORD, 1976)

DNA SEQUENCING WITH CHAIN-TERMINATING INHIBITORS
(SANGER, NICKLEN & COULSON, 1977)

SINGLE-STEP METHOD OF RNA ISOLATION BY ACID GUANIDINIUM THIOCYANATE-PHENOL-CHLOROFORM EXTRACTION
(CHOMCZYNSKI & SACCHI, 1987)

305.148   213.005   155.530   65.335   60.397

El físico danés Niels Bohr fue amigo de Einstein durante mucho tiempo –aunque mantenían enfoques radicalmente distintos en su trabajo–. Las diferencias entre ambos especialmente se manifestaron al coincidir en diversas conferencias en los años 1920 y 1930, cuando Einstein se deleitaría ideando experimentos mentales para poner a prueba el apoyo de la física cuántica por parte de Bohr. En uno de aquellos encuentros, Einstein presentó a Bohr un problema durante el desayuno, al cual Bohr trató de hallar respuesta a lo largo del día, hasta reunirse de nuevo con una sonrisa para señalar el error cometido por Einstein.

EINSTEIN

ALBERT EINSTEIN (1879-1955)

LLAMADOS EN SU HONOR

- Asteroide: 2001 Einstein
- Cráter lunar Einstein
- Elemento: einstenio

PAÍS

Renunció a la nacionalidad alemana y se consideraba en todo caso ciudadano del mundo.

FUERA DE LA CIENCIA

Conocido como músico, notable violinista.

PREMIO NOBEL
1921

FAMILIA

Casado con Mileva durante 16 años y 17 con Elsa. La familia siempre ocupó un segundo lugar. Tuvo tres hijos: una niña y dos niños.

HERENCIA CIENTÍFICA

Su hijo Hans Albert fue profesor de ingeniería hidráulica en la Universidad de California en Berkeley.

BOHR

Bohr contaría sus disputas en 1949, en un artículo titulado *Discussions with Einstein on Epistemological Problems in Atomic Physics* (Discusiones con Einstein sobre problemas epistemológicos de física atómica). A pesar de sus opiniones discrepantes, se tenían en alta consideración mutua.

NIELS BOHR (1885-1962)

PAÍS

Danés orgulloso, convirtió Copenhague en el centro de la investigación en física cuántica.

LLAMADOS EN SU HONOR

- Asteroide: 3948 Bohr
- Cráter lunar Bohr
- Elemento: bohrio

FUERA DE LA CIENCIA

Conocido como deportista, notable futbolista.

FAMILIA

Hombre de familia, Bohr estuvo casado 50 años con Margrethe y tuvo seis hijos, todos varones.

PREMIO NOBEL
1922

HERENCIA CIENTÍFICA

Su hijo Aage ganó el Premio Nobel de Física por su trabajo sobre núcleos atómicos.

LAS MOLÉCULAS EXISTEN

En 1827, el botánico escocés Robert Brown observó que las diminutas partículas de granos de polen bailaban en el agua como si tuvieran vida, pero no sabía por qué. Casi 80 años después, en el primer gran artículo de 1905, Einstein no solo explicaba el fenómeno como el resultado de la constante colisión de las moléculas de agua, sino que además utilizaba datos para elaborar un modelo matemático del proceso que daba idea de la escala relativa de estas. Se trataba de una de las primeras pruebas claras de la existencia de átomos y moléculas.

ÁTOMO DE HIDRÓGENO
0,05 nm

MOLÉCULA DE AGUA
0,3 nm

LONGITUD DE ONDA DE LUZ VIOLETA DE ELEVADA ENERGÍA
40 nm

MOLÉCULA DE HIDRÓGENO
0,15 nm

VIRUS MOSAICO DEL TABACO
18 nm

MOLÉCULA DE HEMOGLOBINA
6,5 nm

1 nanómetro = milmillonésima parte de un metro (0,000000001 m)

COMPARACIÓN DE TAMAÑOS EN NANÓMETROS (nm)

LONGITUD DE ONDA DE LUZ VERDE
540 nm

PARTÍCULA DE HUMO DE TABACO
200 nm

VIRUS TÍPICO
100 nm

La mayoría de las moléculas son demasiado pequeñas para verlas a simple vista. Pero bajo el microscopio, se pueden medir las diferencias de tamaños.

OBRA

FÍSICA CUÁNTICA

EL ESPECTRO ELECTROMAGNÉTICO

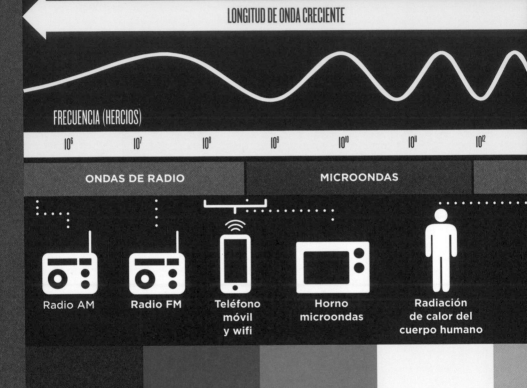

LONGITUD DE ONDA CRECIENTE

FRECUENCIA (HERCIOS)

| 10^6 | 10^7 | 10^8 | 10^9 | 10^{10} | 10^{11} | 10^{12} |

ONDAS DE RADIO   **MICROONDAS**

Radio AM   Radio FM   Teléfono móvil y wifi   Horno microondas   Radiación de calor del cuerpo humano

El gráfico muestra las energías de los fotones en el espectro electromagnético, con las escalas de ondas equivalentes. La cantidad de energía es directamente proporcional a la frecuencia del fotón e inversamente proporcional a la longitud de onda. Cuanto más elevada es la frecuencia, más alta es su energía.

El artículo que hizo a Einstein merecedor del Premio Nobel irónicamente ayudaría a sentar las bases de la física cuántica, la ciencia que le provocaba desconfianza. Se sabía que al dirigir una luz hacia algunos metales se producía una corriente eléctrica: el efecto fotoeléctrico. Si la luz fuera una onda, cabría esperar que cuanto mayor la onda, mayor la corriente. Pero algunos colores de la luz no producen electricidad, por intensa que sea la luz. Einstein se dio cuenta de que así sería si la luz estuviera compuesta de partículas cuánticas –fotones– cuya energía determinara el color de la luz. Solo si un fotón poseyera suficiente energía podría desbancar un electrón para iniciar una corriente eléctrica.

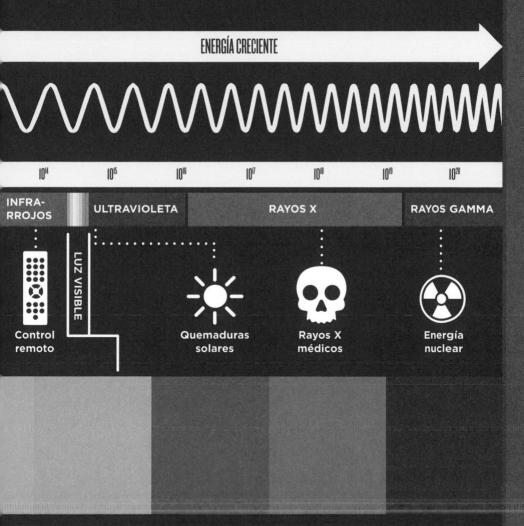

ENERGÍA CRECIENTE

10^{14} 10^{15} 10^{16} 10^{17} 10^{18} 10^{19} 10^{20}

| INFRA-RROJOS | ULTRAVIOLETA | RAYOS X | RAYOS GAMMA |

LUZ VISIBLE

Control remoto

Quemaduras solares

Rayos X médicos

Energía nuclear

En consecuencia, cuanto más larga la longitud de onda, más baja su energía. La luz roja es producida por fotones de baja energía, longitud de onda larga y frecuencia baja, mientras que la luz violeta es producida por fotones con alta energía, longitud de onda corta y frecuencia elevada.

RELATIVIDAD ESPECIAL

El trabajo que siempre se identificaría más con Einstein forma parte de su destacable producción de 1905. Su teoría de la relatividad especial combinaba las leyes del movimiento de Newton con el descubrimiento de que la luz solo puede existir si viaja a una velocidad específica. El requisito de que la luz se mueva a la misma velocidad independientemente de cómo se mueva uno respecto a ella relacionaba inextricablemente tiempo y espacio. Esto significa que un cuerpo en movimiento se encogería en la dirección del movimiento, incrementaría su masa y vería ralentizarse su tiempo. En el último de los cuatro artículos publicados en 1905, Einstein introdujo la fórmula $m=E/c^2$ (donde m=masa, E=energía y c^2=velocidad de la luz al cuadrado), pero añadía que la masa y la energía eran intercambiables, lo cual conducía a $E=mc^2$, la ecuación más famosa del mundo. Si bien resulta difícil comprender la importancia de la ecuación por sí sola, Einstein conectaba dos componentes aparentemente no relacionados, masa y energía. Ahora esto se utiliza para explicarlo todo, desde el Big Bang hasta la bomba atómica.

EFECTO DE LA RELATIVIDAD ESPECIAL

El tiempo se ralentiza o acelera dependiendo de lo rápido que uno se mueva en relación con otra cosa. Cuanto más se acerca la velocidad de uno a la velocidad de la luz, más lento pasará el tiempo, aunque uno no notaría su efecto hasta que regresara a la posición estacionaria original. Al acercarse a la velocidad de la luz, una persona viajando en el interior de una nave espacial envejecería mucho más lentamente que las personas que hubiera dejado en casa. La gráfica muestra la diferencia de tiempo que experimentarían los viajeros reales e hipotéticos moviéndose a velocidades distintas, en comparación con alguien que permaneciera en la Tierra.

$$E = mc^2$$

energía — masa — velocidad de la luz al cuadrado

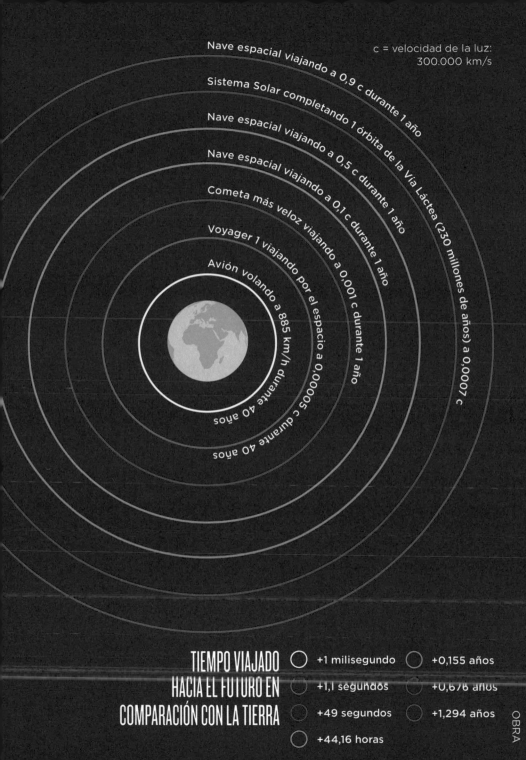

Nave espacial viajando a 0,9 c durante 1 año

Sistema Solar completando 1 órbita de la Vía Láctea (230 millones de años) a 0,0007 c

Nave espacial viajando a 0,5 c durante 1 año

Nave espacial viajando a 0,1 c durante 1 año

Cometa más veloz viajando a 0,001 c durante 1 año

Voyager 1 viajando por el espacio a 0,00005 c durante 40 años

Avión volando a 885 km/h durante 40 años

c = velocidad de la luz: 300.000 km/s

TIEMPO VIAJADO HACIA EL FUTURO EN COMPARACIÓN CON LA TIERRA

○ +1 milisegundo
○ +1,1 segundos
○ +49 segundos
○ +44,16 horas
○ +0,155 años
○ +0,676 años
○ +1,294 años

LA TEORÍA GENERAL DE LA RELATIVIDAD

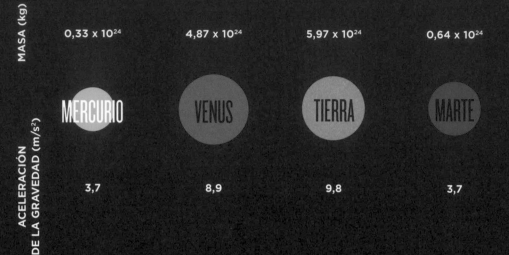

MASA (kg)

0,33 x 10²⁴	4,87 x 10²⁴	5,97 x 10²⁴	0,64 x 10²⁴
MERCURIO	VENUS	TIERRA	MARTE

ACELERACIÓN DE LA GRAVEDAD (m/s²)

3,7	8,9	9,8	3,7

La teoría de la relatividad especial se denominó especial no porque fuera remarcable (que lo era), sino porque se limitaba a casos especiales. Mientras trabajaba en la oficina de patentes, Einstein se dio cuenta de que si incorporaba plenamente la aceleración en los supuestos, la teoría serviría para mucho más. Ello se debía a que la aceleración y la gravedad eran indistinguibles. Al generalizar la teoría, pudo proporcionar una explicación sobre el motivo por el que la materia causa la gravitación –porque deforma el espacio y el tiempo– y sobre cómo el espacio y el tiempo deformados cambian la manera en que se mueve la materia. La teoría general resultó ser enormemente complicada matemáticamente, pero Einstein perseveró y publicó una teoría revolucionaria.

La materia deforma el espacio y el tiempo. Cuanta más masa, mayor es la deformación que se produce (el caso extremo es un agujero negro, que deforma el espacio-tiempo hasta el punto de que ni siquiera la luz puede escapar de él). Un cuerpo masivo, como un planeta, deforma el espacio-tiempo que lo rodea e influye en otros objetos. Un objeto en caída libre sobre la Tierra presenta una aceleración de 9,8 m/s², mientras que en otros planetas sus distintas masas producen diferencias de aceleración.

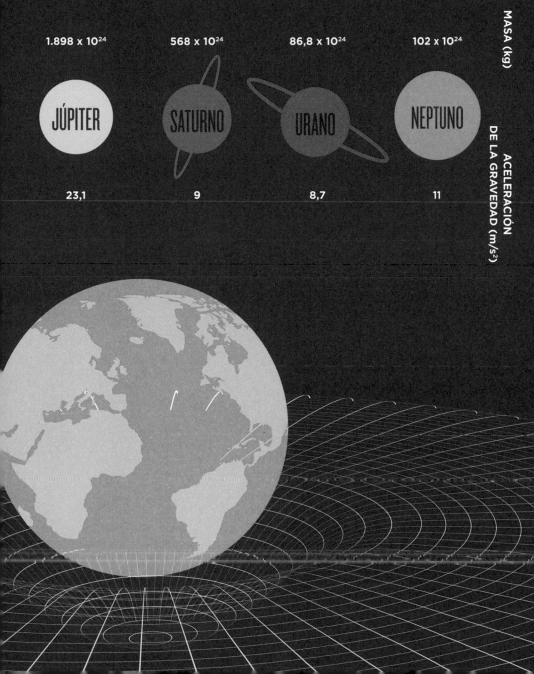

MASA (kg)

1.898×10^{24}	568×10^{24}	$86,8 \times 10^{24}$	102×10^{24}
JÚPITER	SATURNO	URANO	NEPTUNO
23,1	9	8,7	11

ACELERACIÓN DE LA GRAVEDAD (m/s²)

MODELANDO EL UNIVERSO

La teoría general de la relatividad fue un triunfo al proporcionar una descripción de la gravedad más precisa que la de Newton, pero enseguida se demostró capaz de mucho más. Solo unas semanas después de su publicación, el físico alemán Karl Schwarzschild resolvió las ecuaciones de Einstein para un cuerpo esférico, realizando la primera predicción de lo que se conocería como agujeros negros. Al año siguiente, el físico holandés Willem de Sitter aplicó la teoría al universo como un todo. Aunque su versión era simplista y consideraba un universo vacío, fue el primer intento de utilizar la relatividad general para describir el comportamiento del universo, lo cual conduciría a la presente teoría del Big Bang.

CON EL PASO DE LOS AÑOS, AL SABER MÁS SOBRE EL UNIVERSO, NUESTRA COMPRENSIÓN DE SU TAMAÑO HA IDO VARIANDO

- 0,0002 años luz - Arquímedes
  (siglo III a.C.) – universo geocéntrico

- 0,00003 años luz - Ptolomeo
  (siglo II) - universo geocéntrico

- 0,2 años luz - Tycho Brahe
  (siglo XVI) – universo copernicano

- 2 años luz - Aristarco, vía Arquímedes
  (siglo III a.C.) – universo heliocéntrico

- 8.000 años luz - William Herschel
  (siglos XVIII-XIX)

- 100.000 años luz - Harlow Shapley
  (siglo XX)

- 6 mil millones de años luz - Edwin Hubble
  (siglo XX)

- 90 mil millones de años luz – universo
  observable actual (siglo XXI)

- infinito - Isaac Newton
  (siglos XVII-XVIII)

Debido a la vastedad del espacio, no resulta práctico medir las distancias en unidades pequeñas como kilómetros. Un año luz es la distancia recorrida por la luz en un año. Para convertir esta cifra a kilómetros, se toma la velocidad de la luz (300.000 kilómetros por segundo), multiplicada por el número de segundos en una hora (3.600), multiplicado por el número de horas en un día (24), multiplicado por el número de días en un año (365).

300.000 x 3.600 x 24 x 365 = 9.460.730.472.580 km (cifra exacta)

 =

año luz   billones km

ONDAS GRAVITACIONALES

En 1916, consciente de las implicaciones de la teoría general de la relatividad, Einstein propuso que los cuerpos en movimiento generarían ondas gravitacionales –compresión y expansión del espacio-tiempo–. En 1936, sin embargo, trabajando con Nathan Rosen en Princeton, se convenció de que dichas ondas no existían... y de nuevo se corrigió un año después, con un artículo en que volvía a abogar por ellas. Incluso entonces, creía que las ondas gravitacionales eran tan débiles que nunca se lograría detectarlas. No obstante, en septiembre de 2015, cien años después de la publicación de la teoría general, se detectaron ondas gravitacionales en el observatorio norteamericano Laser Interferometer Gravitational-Wave Observatory (LIGO), abriendo las puertas a una nueva era de la astronomía.

¿QUÉ OCURRE CUANDO COLISIONAN DOS AGUJEROS NEGROS?

Cuando dos agujeros negros están muy próximos, les es imposible evitar la gravedad del otro. Como resultado, se acercan describiendo una espiral hasta que acaban chocando y se forma un agujero negro de mayor tamaño. Este evento es extremadamente violento y produce una enorme cantidad de energía en forma de ondas gravitacionales, que afectan la curvatura del espacio-tiempo.

14 DE SEPTIEMBRE DE 2015

La primera detección de ondas gravitacionales sucedió durante un test de ingeniería antes de que el observatorio LIGO estuviera en pleno funcionamiento y coincidió con la predicción de Einstein de los modelos de ondas resultantes del impacto de dos agujeros negros. Estos se unieron formando un único cuerpo y enviando ondas por el espacio-tiempo.

29 VECES LA MASA DEL SOL

36 VECES LA MASA DEL SOL

EL SOL

LA TIERRA

DISTANCIA DE COLISIÓN

1,3 mil millones de años luz

CUANDO LOS DOS AGUJEROS NEGROS COLISIONARON, LA MÁXIMA POTENCIA SE CALCULÓ EN 200 MASAS SOLARES POR SEGUNDO, LO CUAL REPRESENTA 50 VECES LA POTENCIA SUMADA DE TODAS LAS ESTRELLAS DEL UNIVERSO OBSERVABLE

⚪ = una masa solar

ENTRELAZAMIENTO CUÁNTICO

Con la intención de desacreditar la teoría cuántica, Einstein elaboró su última gran contribución a la física en 1935. En un artículo escrito con Boris Podolsky y Nathan Rosen, Einstein demostró que la teoría cuántica hacía posible que dos partículas, en un estado denominado entrelazamiento, influyan una en otra instantáneamente, aunque las separe una distancia. Esto contradiría el límite de la velocidad de la luz de la relatividad. El artículo concluye que o bien la física cuántica está equivocada, o bien es necesario desechar el concepto de «realidad local», según el cual un objeto se ve influido únicamente por su entorno inmediato. Esto es lo que se dio en conocer como la paradoja de Einstein-Podolsky-Rosen (EPR). Pretendía asestar un golpe mortal a la física cuántica, pero en la práctica, se ha demostrado que el entrelazamiento funciona y que Einstein se equivocaba.

*La gráfica no es a escala.

DEMOSTRACIONES DEL ENTRELAZAMIENTO A DISTANCIAS CRECIENTES

El entrelazamiento cuántico ocurre cuando dos partículas se unen como si fueran dos partes del mismo objeto y siguen conectadas a distancia de tal forma que cualquier acción que se realice en una partícula tiene efecto en la otra. La primera demostración del entrelazamiento surgió en 1972, y desde entonces los científicos han experimentado con distancias crecientes. La importancia de estas pruebas es que el entrelazamiento hace posible generar códigos indescifrables y es esencial para el funcionamiento de los ordenadores cuánticos.

- **1 m** Stuart Freedman y John Clauser, Berkeley, California (1972)
- **600 m** Anton Zeilinger, Viena, Austria (2003)
- **13 km** Pan Jian-Wei, Heifei, China (2004)
- **15,2 km** Anton Zeilinger, Viena, Austria (2004)
- **16 km** Pan Jian-Wei, Gran Muralla China (2009)
- **143 km** Anton Zeilinger, Islas Canarias: de La Palma a Tenerife (2012)
- **1.400 km** Pan Jian-Wei, de la Tierra a un satélite (2017)

5 COSAS QUE NO SABÍAS SOBRE LA OBRA DE EINSTEIN

1 Aunque el nombre de Einstein siempre se asociará a la relatividad, fue Galileo el primero en desarrollar sus bases. Las teorías especial y general de Einstein se apoyaban en el trabajo de aquel y abundaban en la relación del tiempo y el espacio (teoría especial), y la relación entre materia y espacio-tiempo (teoría general).

2 En 1921, el Comité del Nobel de Física decidió que ninguna de las nominaciones alcanzaba el estándar para el premio. En tales circunstancias, la presentación del premio puede retrasarse un año. De modo que Einstein en realidad ganó el premio de 1921 en 1922.

3 Cuando Einstein entregó su tesis sobre el tamaño de las moléculas, le dijeron que era demasiado corta. Añadió una frase antes de volver a presentarla y entonces la aceptaron.

4 En 1926, Einstein y su colega, el físico Leo Szilard, patentaron un nuevo frigorífico que no derramaba refrigerantes tóxicos, un riesgo de los primeros aparatos.

5 Al descubrirse las ondas gravitacionales en 2015, la prensa anunció: «Einstein estaba en lo cierto», pero en realidad con ello se probaba que «Einstein se equivocaba». Aunque fuera el primero en predecir las ondas gravitacionales, en 1916, más tarde afirmaría que sería imposible detectarlas jamás.

¡EINSTEIN ESTABA EN LO CIERTO!

ALBERT
EINSTEIN

04
LEGADO

«UNA COSA QUE HE APRENDIDO EN MI LARGA VIDA ES QUE TODA NUESTRA CIENCIA, EN COMPARACIÓN CON LA REALIDAD, ES PRIMITIVA E INFANTIL, Y SIN EMBARGO ES LO MÁS PRECIADO QUE POSEEMOS.»

ALBERT EINSTEIN, *Albert Einstein: Creator and Rebel*, 1972

VITRINA DE LOS TROFEOS

Aunque el Nobel tiende a eclipsar otros premios, a Einstein le llovieron galardones cuando se hizo famoso después de la publicación de su teoría general de la relatividad. Además de medallas y trofeos, Einstein recibió una casa cerca del río Havel de la ciudad de Berlín en su 50 cumpleaños y más tarde le ofrecerían el puesto de vicepresidente de Israel, que sintió que no debía aceptar.

1913
Miembro de la Academia Prusiana de la Ciencia.

1920
Medalla Barnard.

1923
Admitido a Pour le Mérite (orden alemana del arte y la ciencia).

1926
Medalla de Oro de la Royal Astronomical Society, Londres.

1929
Medalla Max Planck (Sociedad Alemana de Física).

1931
Premio Jules Janssen (Sociedad Astronómica Francesa).

1925
Medalla Copley (Royal Society).

1921
Premio Nobel de Física (concedido en 1922).

1921
Miembro Extranjero de la Royal Society.

1923
Medalla Genootschap (Sociedad Científica Holandesa).

1921
Medalla Matteucci (galardón de física italiano).

1935
Medalla Franklin (premio de física del Instituto Franklin, Filadelfia).

1955
Se bautiza el elemento einstenio con su nombre.

1999
La revista *Time* le nombra Persona del Siglo.

99
Es
Einstenio

TIME

ALBERT EINSTEIN

ÁRBOL GENEALÓGICO CIENTÍFICO

Al contemplar a un genio como Einstein es fácil verle en completo aislamiento, si bien todo científico, por importante que sea, se basa en el trabajo de otros. Es famosa la frase que Newton le escribió al filósofo Robert Hooke: «Si he visto más allá, ha sido subiéndome a hombros de gigantes». Aunque hay pruebas de que lo dijo con sarcasmo a Hooke, que era de baja estatura, cuando los dos empezaron a discrepar, el sentido de sus palabras es vigente. A Einstein no se le daba muy bien reconocer el trabajo de los demás, pero no cabe duda tanto de que tuvo grandes influencias como que él mismo influiría en otros científicos.

Isaac Newton
(1642-1727)

Michael Faraday
(1791-1867)

Max Planck
(1858-1947)

Marcel Grossmann
(1878-1936)

Bernhard Riemann
(1826-1866)

Niels Bohr
(1885-1962)

Paul Dirac
(1902-984)

Werner
Heisenberg
(1901-1976)

Erwin Schrödinger
(1887-1961)

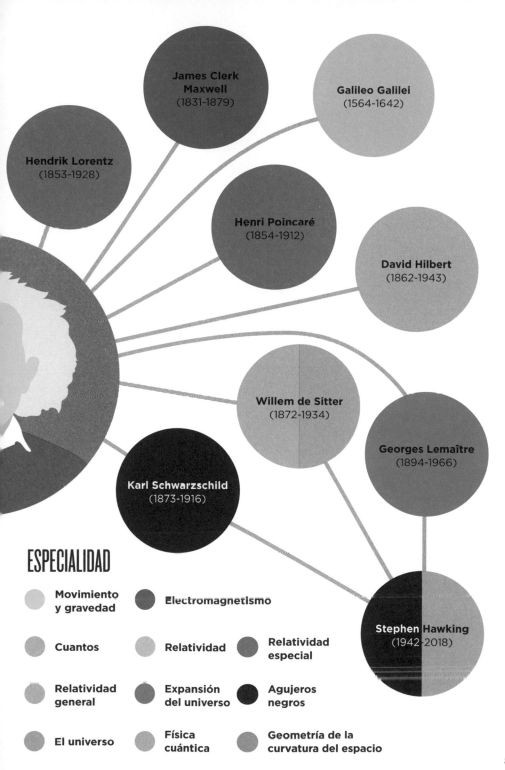

James Clerk Maxwell (1831-1879)

Galileo Galilei (1564-1642)

Hendrik Lorentz (1853-1928)

Henri Poincaré (1854-1912)

David Hilbert (1862-1943)

Willem de Sitter (1872-1934)

Georges Lemaître (1894-1966)

Karl Schwarzschild (1873-1916)

Stephen Hawking (1942-2018)

ESPECIALIDAD

- Movimiento y gravedad
- Electromagnetismo
- Cuantos
- Relatividad
- Relatividad especial
- Relatividad general
- Expansión del universo
- Agujeros negros
- El universo
- Física cuántica
- Geometría de la curvatura del espacio

GPS Y RELATIVIDAD

Cabría pensar que las teorías especial y general de la relatividad son ciencia abstracta sin aplicaciones prácticas, pero hay circunstancias que precisan tenerlas en consideración, y ninguna más evidente que el sistema GPS que se utiliza para la navegación de satélites. Cada satélite GPS es de hecho un reloj asombrosamente preciso que constantemente da la hora. Pero la relatividad especial significa que el tiempo del reloj en movimiento avanza más lentamente que el de la superficie terrestre, mientras que la relatividad general demuestra que una menor gravedad hace que el reloj adelante. Si no se aplicara una corrección compuesta, la posición aparente del satélite variaría unos cuantos kilómetros al día.

+45 MICRO-SEGUNDOS

Efecto de la relatividad general en un período de 24 horas en un reloj GPS en órbita, comparado con uno en la Tierra.

-7 MICRO-SEGUNDOS

Efecto de la relatividad especial en un período de 24 horas en un reloj GPS en órbita, comparado con uno en la Tierra.

5 METROS – NIVEL DE PRECISIÓN

ALTITUD

20.000
km

VELOCIDAD

14.000
km/h

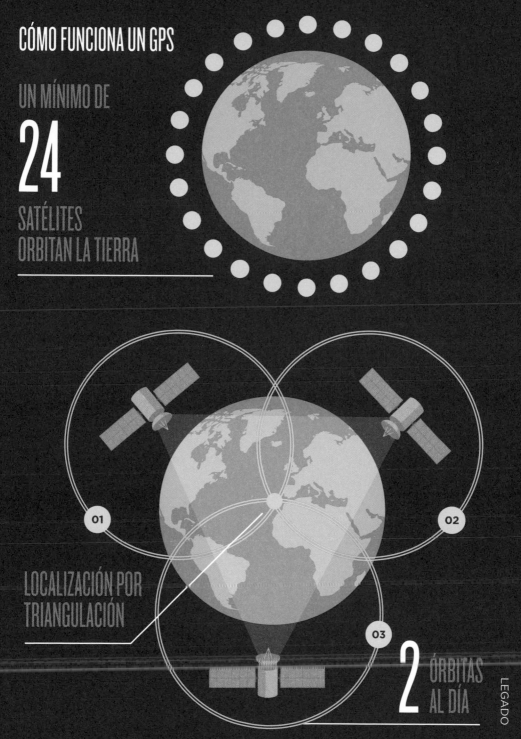

CÓMO FUNCIONA UN GPS

UN MÍNIMO DE

24

SATÉLITES
ORBITAN LA TIERRA

01

02

03

LOCALIZACIÓN POR
TRIANGULACIÓN

2 ÓRBITAS
AL DÍA

LOS REACIOS CUANTOS

La teoría cuántica parece complicada, pero presenta muchas aplicaciones prácticas y es casi seguro que a pocos pasos encuentres tecnología que requirió física cuántica para su diseño mientras lees estas líneas. Se estima que el 35 por ciento del PIB de los países desarrollados procede de productos y servicios que dependen de la física cuántica. Aunque Einstein pasó años oponiéndose a la teoría cuántica debido a su desagrado por el uso de la probabilidad, no hay que olvidar que ayudó a sentar las bases de este campo.

TRÁFICO ANUAL POR INTERNET: 1,2 TRILLONES DE BYTES

2 MIL MILLONES DE ORDENADORES

1,6 MIL MILLONES DE HOGARES CON TELEVISORES

100 MIL MILLONES DE TRANSMISIONES MUSICALES AL AÑO

5 MIL MILL. DE USUARIOS DE MÓVILES

1.000 BILLONES DE FOTOS DIGITALES TOMADAS

4.000 BILLONES DE FOTOS ALMACENADAS

20 MIL MILLONES DE DISPOSITIVOS CONECTADOS A INTERNET

AHORRO ESTIMADO AL CONVERTIR A LUCES LED EN 2027:

30 MIL MILL. $

11 MIL MILL. $ AL AÑO POR VENTAS DE LÁSERES

340 MIL MILL. $ AL AÑO POR VENTAS DE CIRCUITOS INTEGRADOS

LEGADO

EINSTEIN TIPOGRÁFICO

Parecerá extraño que la palabra destacada (además del nombre de Einstein) en esta nube sea «luz». Sin embargo, la luz fue central en el desarrollo de la teoría de la relatividad especial, para el efecto fotoeléctrico que le hizo ganar el Premio Nobel, y se emplea para detectar el efecto de deformación de la relatividad general. No es de sorprender que «teoría», «física», «relatividad», «gravedad» y «energía» también destaquen. En otra aparición significativa, «tiempo», influyen tanto la teoría de la relatividad especial como la general.

LISTO

AGUJERO NEGRO

GENIO

UNIVERSO

CEREBRO

ULTRAVIOLETA

TEORÍA

PROYECTO MANHATTAN

RELATIVIDAD

EINS

CONDENSADO BOSE-EINSTEIN

EFECTO FOTOELÉCTRICO

NAGASAKI

ONDAS GRAVITACIONALES

ENERGÍA

SOL

MOVIMIENTO

FISIÓN

BOMBA ATÓMICA

VIOLÍN

1905

URANIO

TIEMPO

FRIGORÍFICO

ULM

ELECTROMAGNETISMO

TEORÍA DEL CAMPO UNIFICADO

CUANTO

RELATIVIDAD ESPECIAL

PREMIO NOBEL INNOVADOR

RELIGIÓN ISRAEL PACIFISTA NEUTRÓN

GRAVEDAD

RELATIVIDAD GENERAL

COSMOLOGÍA

LUZ

TEIN

ECLIPSE SOLAR ECUACIÓN

GALILEO NUCLEAR PARADOJA EPR

MATEMÁTICO $E=mc^2$

FÍSICA ELECTRICIDAD

ONDAS DE RADIO UNIVERSO HIROSHIMA SEGUNDA GUERRA MUNDIAL

AGNÓSTICO CARTEO CON BORN OFICINA DE PATENTES

FÍSICA TEÓRICA MAYOR ERROR

MOVIMIENTO BROWNIANO

CIUDADANO DE LOS EE. UU.

LEGADO

89

10 COSAS LLAMADAS EN SU HONOR

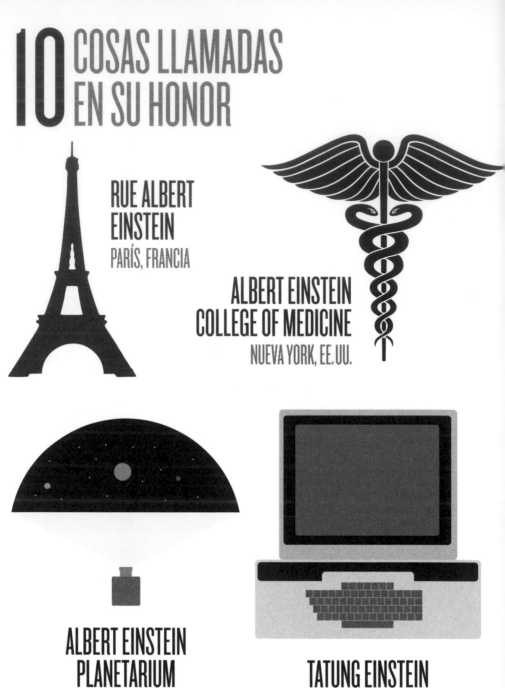

RUE ALBERT EINSTEIN
PARÍS, FRANCIA

ALBERT EINSTEIN COLLEGE OF MEDICINE
NUEVA YORK, EE.UU.

ALBERT EINSTEIN PLANETARIUM
WASHINGTON D.C., EE.UU.

TATUNG EINSTEIN
ORDENADOR DE 8 BITS

OBSERVATORIO EINSTEIN
TELESCOPIO DE RAYOS X

ATV ALBERT EINSTEIN
NAVE DE APROVISIONAMIENTO

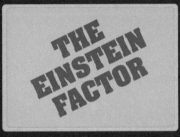

CRUZ DE EINSTEIN
CUÁSAR, DUPLICADO EN EL CIELO POR EL
EFECTO DE LENTE GRAVITACIONAL

EL FACTOR EINSTEIN
PROGRAMA DE TELEVISIÓN
AUSTRALIANO

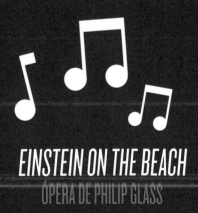

EINSTEIN ON THE BEACH
ÓPERA DE PHILIP GLASS

GÁRGOLA EINSTEIN
UNIVERSIDAD
DE OREGÓN, EE. UU.

BIOGRAFÍAS

Marcel Grossmann
(1878-1936)
Amigo desde su época universitaria. Grossmann ayudó a Einstein con las complejas operaciones matemáticas requeridas para desarrollar la relatividad general.

Nathan Rosen
(1909-95)
Ayudante del Instituto de Estudios Avanzados. Contribuyó en gran parte a los últimos trabajos de Einstein, como el artículo EPR y el concepto de agujero de gusano.

Helen Dukas
(1896-1982)
Nacida en Alemania, Dukas fue secretaria de Einstein desde 1928 y le acompañó a Princeton, añadiendo a sus tareas las de ama de llaves tras la muerte de Elsa.

Mileva Marić
(1875-1948)
En la juventud de Albert, Mileva, que también estudió física, hizo de caja de resonancia de sus ideas, pero cuando empezó a viajar más, su relación se deterioró y terminó en divorcio.

Hermann Einstein
(1847-1902)
Al padre de Albert le gustaban las matemáticas en el colegio, pero sus aventuras empresariales no solían gozar de gran éxito. A pesar de todo, con su esposa Pauline, proporcionó a Albert una educación estable.

Max Born
(1882-1970)
Físico alemán y buen amigo de la familia Einstein. Born desarrolló el aspecto probabilístico de la física cuántica que tanto desagradaba a Einstein.

Hans Albert Einstein (1904-1973)

Como sus padres, Hans Albert estudió en la ETH, aunque luego trabajaría de ingeniero. Se trasladó a los EE.UU. en 1938, donde fue profesor universitario.

Elsa Einstein (1876-1936)

De carácter totalmente diferente a Mileva, Elsa se contentaba haciendo de ama de casa. Era prima hermana y prima segunda de Albert (su apellido de soltera era Einstein).

Max Planck (1858-1947)

Destacado físico alemán. Dio los primeros pasos de la revolución cuántica que Albert ayudó a iniciar. Planck apoyó a Albert para que entrara en los círculos académicos alemanes.

Max Talmud (1869-1941)

También conocido como Talmey, Talmud era un estudiante polaco de medicina con el que los Einstein entablaron amistad cuando Albert tenía 10 años. Sus historias sobre la ciencia servirían de inspiración a Albert.

Niels Bohr (1885-1962)

El líder danés de la física cuántica. De personalidad muy diferente de la de Albert, Bohr fue tanto un amigo como un objetivo constante de los ataques de Albert a la teoría cuántica.

Maja Einstein (1881-1951)

La única hermana de Albert. Maria (a la que llamaban Maja) fue una buena amiga para su hermano. Se trasladó a Princeton, siguiendo a Albert, en 1939.

Amigo   Colega

Esposa   Familiar

ÍNDICE

ÍNDICE

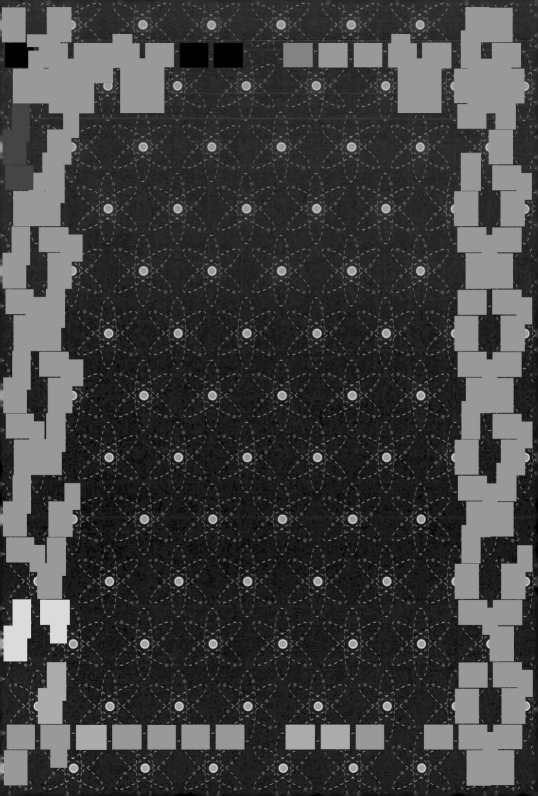